Das Buch der Fragen

Harlekin Pierrot

„Wolken sind wie Fragen und Antworten – sie regen zum Träumen und Denken an!"

Für alle neugierigen Menschen!

Bibliographische Information der Deutschen Nationalbibliothek

Die Deutsche Nationalbibliothek verzeichnet diese Publikation in der deutschen Nationalbibliographie, detaillierte bibliographische Daten sind im Internet über http://dnb.dnb.de abrufbar.

Herstellung und Verlag:

BoD – Books on Demand, Norderstedt

ISBN 9783756899999

Inhalt

Vorwort

Wer, wie, was – wieso, weshalb, warum?

Wer nicht fragt bleibt dumm!

Das haben viele von uns aus der Kinderzeit in Erinnerung, vor dem Fernseher, am frühen Abend flimmerte das Kinderprogramm vor unseren Augen.

Da haben wir, du lieber Reisebegleiter und ich, uns nichts gedacht, keine Ideen gehabt und dann gesehen, was auf dem Bildschirm passiert!

Jetzt hast DU das Buch in der Hand, das Buch der Fragen, vielleicht wunderst du dich, da du meinst, dass du schon viel weißt – wahrscheinlich weißt du auch viel, weil du gelernt hast, oder studiert!

Vielleicht bist du auch nur neugierig, denn der Titel verspricht Fragen – keine Antworten, es sollen hier auch keine wissenschaftlichen Erkenntnisse dargelegt werden – dazu ist Fachliteratur da ... also dann lies bitte dort nach! Es soll dich nur zum Denken anregen – mehr nicht, aber auch nicht weniger!

Wenn dich das jetzt langweilt, ärgert oder gar nicht interessiert – schlag das Buch zu, stell es ins Regal zurück oder lass es einfach liegen, du musst es nicht lesen!

Nanu, DU bist ja noch immer hier, du hast das Buch also nicht zur Seite gelegt, es nicht ins Regal gestellt. Das freut mich, denn jetzt machen wir uns auf die gemeinsame Reise ins Buch der Fragen.

Ich kann und will DIR aber keine Antworten versprechen und will das auch gar nicht. Ich wünsche auch dir nur die guten Gedanken, die ich beim Schreiben und darüber diskutieren gehabt habe.

Ich bin nur ein stiller Begleiter, der manchmal kommentiert – seine Meinung sagt, aber das Buch ist sozusagen DEIN Fahrplan, denn der Gestalter bist DU – und jetzt viel Vergnügen beim Lesen und Denken!

„WER?" – Die Frage nach einer Person, ganz gezielt, ganz einfach.

Eigentlich trivial, man bekommt eine einfache Antwort - einen Namen!

Auch DU hast einen Namen – wie ich – aber ist das die Antwort?

Nein – eigentlich ist es gerade nicht trivial, denn es ist vielschichtiger, als wir es gerade annehmen.

Der Namen ist nur ein Etikett, ein Synonym für die Person. Er beschreibt nichts, er ist zwar individuell, aber zeigt nichts Wirkliches, nichts Greifbares --- mal darüber nachgedacht?

Der Blick in den Spiegel zeigt es schon.

Die Augen blicken an einem herab und entdecken einen Körper, unbehaart, behaart, blass, farbig … den Körperbau sehr individuell, unterschiedlich.

Schon hier zeigt sich das unterschiedliche – das „WER?" ist nicht einfach zu beantworten, es ist möglich es in verschiedenen Dimensionen zu betrachten und vielleicht der Antwort auf das „WER?" etwas näher zu kommen. Lass uns einen kleinen Blick auf die möglichen Dimensionen machen, um sie uns zu verdeutlichen. Vielleicht ergänzt du noch die eine oder andere Dimension – oder es ist dir zu knapp dargestellt, es ist nur ein Angebot nachzudenken.

Das naturwissenschaftliche „WER?"

Naturwissenschaftlich, genauer betrachtet biochemisch betrachtet sind es einfach Kohlenstoff, Sauerstoff, Wasserstoff, Stickstoff und einige Spurenelemente zusammengesetzt – fertig ist der Körper – zwar hochkomplex, nüchtern – aber eine mögliche Antwort auf das „WER?"

Das ist ein gewaltiges Phänomen, ein Geflecht von biologischen, chemischen und physikalischen Wechselwirkungen. Alles nach dem Plan der genetischen Vorlage aufgebaut und über verschiedene Regelkreise gesteuert. So funktioniert der Organismus eindeutig und regelkonform, er ist sogar in der Lage sich zu reparieren, wenn mögliche Schäden auftreten.

Die Person ist genetisch eindeutig determiniert, viele mögliche Vorgaben über die Entwicklung, den möglichen Gesundheitszustand sind dadurch vorgegeben.

Die DNA hat alle Informationen, die uns beschreiben, unser Erscheinungsbild ausmachen, unseren Gesundheitszustand, unsere Eigenschaften gespeichert. Hier scheint das „WER?" naturwissenschaftlich eindeutig beschrieben und vorgezeichnet zu sein. Nur ist es das so eindeutig klar, dass du eine wirkliche Antwort auf die Frage „WER?" bekommst, in vielen Belangen sicherlich, aber die Persönlichkeit wird dadurch keineswegs vorgestellt.

Das philosophisch-psychologische „WER?"

Die Emotionen und die Gefühle haben wir hier noch gar nicht betrachtet.

Sie sind allerdings biochemische Wechselwirkungen, die sehr diffizil und hochkomplex sind. Moleküle gehen hier viele verschiede Wechselwirkungen ein, die durch verschiedene Regelkreise, Stoffwechselcyclen und andere Bedingungen beschrieben werden können.

Eindeutig sind sie aber keinesfalls.

Um das philosophische-psychologische „WER?" zu beantworten, muss man sicherlich diese Ebene kennen und auch beachten, nur bekommt man hier sicherlich keine genaue Antwort.

Versucht man das „WER?" über Intelligenztests zu erfassen bekommt man sicherlich Ergebnisse, die wissenschaftlich untermauert sind. Diese Ergebnisse zeigen die mögliche kognitive Leistungsfähigkeit und ein mögliches Potential, was die untersuchte Person hat – dass „WER?" wird aber nicht beantwortet.

Geht man wieder auf die makroskopische Ebene, so verlässt man schnell die rationale Wissenschaft und kommt auf die emotionale Ebene – die Gefühlsebene, die sich nur schwer fassen lässt, aber dass „WER?" viel deutlicher beschreibt. Man versucht es sogar durch Persönlichkeitstests zu ermitteln, was die Person charakterisiert – man versucht hier mit objektiven Untersuchungskriterien die Persönlichkeitsmerkmale zu bestimmen und darzulegen.

Gibt das wirklich eine Antwort auf das „WER?" Für manche Menschen sicherlich, aber nicht für alle, DU selbst entscheidest über das Ergebnis.

Die Schlussfolgerung

Meines Erachtens kann man aus all diesen hochkomplexen Zusammenhängen versuchen eigene Schlussfolgerungen ziehen und versuchen Antworten zu finden. Wenn DU für dich versuchst eine Antwort zu finden, wirst du eine mögliche Antwort finden, die du für dich, meistens vordergründig, zufriedenstellend findest.

Fängst du aber genau an darüber nachzudenken, ob du wirkliche eine Antwort auf die Frage „WER?" geben kannst, wirst du feststellen, dass du es nicht eindeutig beantworten kannst. Du kannst zwar die oben beschriebenen Ergebnisse zu Rate ziehen, aber das hochkomplexe Beziehungs- und Erkenntnisgeflecht kannst du wahrscheinlich nicht beantworten. Lass es auf dich wirken!

Du musst selbst Wege zu finden, um hinter die Geheimnisse des „WER?" zu kommen. Denn in der heutigen Zeit ist es wesentlich möglichst viel Antwort auf die Frage „WER?" zu bekommen. Ich für meinen Teil finde beide Herangehensweisen spannend, sie erlauben einerseits den naturwissenschaftlichen Blick auf das „WER?" und andererseits den Blick auf die Persönlichkeit eines Menschen – nein eigentlich auf alle Menschen. Viele Menschen ergeben das soziale Beziehungsgeflecht, in dem wir uns befinden oder befinden möchten. Es ist komplex, diese vielen „WER?" zu verknüpfen, um dann das einzelne individuelle „WER?" zu erkennen und auch wieder nicht zu erkennen.

DU, lieber Reisebegleiter bist gefordert, dir deine eigene Antwort zu finden – immer wieder in jeder möglichen Situation eine Entscheidung zu fällen – dieses „WER?" zu ergründen oder auch eben nicht. Es ist eine spannende Reise dieses „WER?" für sich zu beantworten. Diese Antwort wird wahrscheinlich die nächsten Fragen aufwerfen und nicht eindeutig sein.

Kapitel 2   „WIE?"

Gibt es ein Problem, dass es zu lösen gibt, fangen wir (uns) zu fragen an. Wir suchen zu dem Problem eine mögliche Lösung, egal wie einfach oder komplex das Problem erscheint – oft erzeugt es erst einmal die Frage „WIE?".

In vielen Fällen zeigt sich eine einfache Antwort wie Kinder oder junge Menschen das Problem lösen (können), wir Erwachsenen dieses als Lösungsmöglichkeit oft nicht sehen oder schon ausschließen, besonders „kluge" Erwachsene lehnen einfache Antworten oft ab, weil wir das „WIE?" nicht als einfach akzeptieren wie Kinder, die es uns häufig zeigen, wie der Erkenntnisweg beschritten wird. ...

Du, lieber Reisebegleiter, und ich als dein Reisegefährte sehen das „WIE?" oft nicht, wir können es nicht hören, nicht sehen und auch nicht fühlen. Wir suchen es oft im „Außenleben", selten im „Innenleben" – wir betrachten das „WIE?" in den meisten Fällen von außen und versuchen eine rationale Lösung herbeizuführen.

Betrachten wir, oder betrachte du, lieber Reisebegleiter, es mal von Innen oder suche ein Gefühl, eine Stimmung die das „WIE?" beschreibt. Meistens erhältst du dann eine andere Perspektive und damit einen anderen Ansatz das „WIE?" zu betrachten. Das fühlt sich oft merkwürdig nach dem „WIE?" zu fragen – man denkt man braucht Hilfe. Kinder fragen oft „Wie geht das, wie ist das?" Wir Erwachsene versuchen dann zu erklären aber scheitern leider oft eine wirkliche Antwort zu geben, da wir die eigentliche Frage gar nicht verstehen – „Wie sind wir?" oder genauer formuliert „Wie bin ich?".

Daran verzweifeln wir und fragen nicht wirklich nach, wir trauen uns nicht darüber klar zu sein, dass wir es eigentlich gar nicht einfach beantworten können, da es viele „WIE?" gibt und eben nicht nur eines.

Wir sollten diese WIEs? zu lassen und sich Ihnen stellen, denn dann haben wir eine geringe Chance das „WIE?" einzugrenzen und vielleicht können wir es sogar etwas beantworten, oder wir geraten ins Stocken, denn keines der möglichen Antwortmuster gefällt oder erklärt es uns wirklich.

Unsere Eigenschaften, die das eine „WIE?" beantworten sind genetisch determiniert und durch biologische Zusammenhänge im Verhalten zu erklären – das zeigt aber auch eine Vielfalt von möglichen Antworten auf die Frage „WIE?" und das ist dann eben nicht eindeutig. Relativ eindeutig ist es nur bei dem Fragenkomplex „Wie geht das?", denn da werden logische Antworten erwartet und können auch gegeben werden.

Sobald allerdings unsere Persönlichkeit mit einbezogen wird, ist eben keine konkrete Antwort auf die Frage „WIE?" mehr möglich.

Du und ich, lieber Reisebegleiter müssen also erkennen, dass wir darüber nachdenken müssen, wenn wir hinter das wirkliche „WIE?" kommen wollen. Also müssen wir uns mit unseren Mitmenschen beschäftigen, ihnen zuhören und so versuchen hinter das „WIE?" zu kommen. Es wird uns nicht immer gelingen, eher werden wir das „WIE?" nicht eindeutig klären können. „Kinder -WIE?" – Fragen zeigen uns aber den Weg, den wir einschlagen müssen, dieses „WIE? wenigstens im Ansatz zu entschlüsseln.

„WAS?" ist eine deutliche Frage, die uns jetzt beschäftigen wird, lieber Reisebegleiter, denn es wird sehr oft „WAS?" gefragt. „WAS?" wird ganz deutlich formuliert – besonders oft werden die Fragen „Was ist passiert, was machst du oder was ist das?" gestellt. Das sind sehr unterschiedliche Bedeutungen für ein Fragewort. Im schnelllebigen Alltag machst du dir, lieber Begleiter, genauso wie ich darüber Gedanken, wir verwenden das Fragewort „WAS?" einfach und versuchen eine passende Antwort zu geben oder zu finden. Wir betrachten hier das Wort meistens wird „eindimensional" und erlauben uns keine tiefere Betrachtung der unterschiedlichen Dimensionen.

Die sächlich-kindliche Dimension des „WAS?"

Das sächliche „WAS?" wird meisten von Kindern verwendet, die Frage „Was ist das?" ist hier der zentrale Angelpunkt, um die Welt zu begreifen und ein erstes Verständnis von Zusammenhängen aufzubauen. Es ist egal, ob hier technische oder natürliche Erkenntnisse gebildet werden – nur die kindliche Neugier lenkt diese Frage. Wir Erwachsene versuchen dann aus unserer Warte eine Antwort auf das

„Was?" zu geben. Oft merken wir dabei gar nicht, wie kleinschrittig wir dabei antworten sollen und überrollen das Kind mit einer sehr vielschichtigen Antwort.

Dabei merken wir nicht, dass wir Antworten geben, die von wissenschaftlichen Erkenntnissen gestützt sind, aber eigentlich nicht wirklich das „WAS?" beantworten.

Wir müssen uns verdeutlichen, dass wir in viel kleinere Dimensionen denken müssen.

Die wissenschaftliche Dimension des „WAS?"

Das Ganze ist allerdings nicht so einfach, wie wir uns das wahrscheinlich vorstellen. Denn alle Zusammenhänge ergeben für uns einen Sinn – auch wenn wir diesen Sinn nicht immer nicht sofort, oder auch manchmal nie, verstehen. In naturwissenschaftlichen Denkmodellen werden logische Beweisketten herangezogen um Antworten auf das „WAS?" zu finden. Ich und auch Du lieber Mitreisender müssen begreifen, dass hier sehr viele Wechselwirkungen ineinander greifen- nicht alle sind entdeckt, nur ein kleiner Teil ist erklärt. Wir stehen mit unserer Erkenntnis wahrscheinlich noch ganz am Anfangt und halten die gefundenen Antworten für eine Lösung. Sie ist, meines Erachtens, nur ein kleiner Baustein zu

Lösung des „WAS?". Diese Vielschichtigkeit kann man auch so verstehen.

Die Sprache der Biologie ist die Chemie, die Sprache der Chemie ist die Physik, die Sprache der Physik ist die Mathematik. All diese Naturwissenschaften sind Philosophie und diese versucht sie in Beziehung zu setzen und zu erklären. Das versucht sie seit vielen Jahrhunderten und mit vielen unterschiedlichen philosophischen Schulen ist versucht worden hinter das „WAS?" zu kommen. Auch die verschiedenen philosophischen und theologischen Deutungsansätze haben dazu beigetragen das „WAS?" zu erklären. Später sind dann naturwissenschaftliche und geisteswissenschaftliche Erklärungsmodelle ebenfalls als Lösungsansätze für das „WAS?" hinzugekommen. Oft sind zufällige Erkenntnisse ebenfalls zu Hilfe gekommen Antwortteile im Puzzle über das „WAS?" zu finden.

Strenge wissenschaftliche Arbeit und (wissenschaftliche) Zufallsentdeckungen bilden das Kaleidoskop der (wissenschaftlichen) Erkenntnisse ab. Diese Erkenntnisse wirken einerseits sehr groß, andererseits sind sie wahrscheinlich nur ein sehr geringer Teil des Wissens, um eine wirkliche Antwort auf das „WAS?" zu finden.

Sind wir dabei allerdings weitergekommen? Haben wir eine wirkliche Erklärung oder Antwort gefunden? Oder, liebe Mitreisende, sind wir immer noch bei weiteren Ansätzen und müssen selbst unsere eigenen Gedanken und Ideen für eine mögliche Lösung formulieren. Ich glaube schon, denn wirklich fundierte Antworten für einen selbst kann man sich nur selbst geben – zumindest versuchen sich zu geben. Naturwissenschaftliche Antworten auf das „WAS?" sind im Allgemeinen an Beweise und deren Verifikation oder Falsifikation geknüpft. Sie unterliegen einer strengen Logik und sind somit durch jeden in der Wissenschaft tätigen Menschen nachvollziehbar – dem „normalen" Menschen bleibt hier vieles verborgen.

Diese (natur)wissenschaftliche Herangehensweise ist wegen ihrer Abstraktheit oft verängstigend und wird oft daher mit sehr kritischen Augen gesehen.

Gerade in der heutigen Zeit hat sich sehr gezeigt, wie schwer sich Menschen tun mögliche Antworten zu akzeptieren oder zumindest zu tolerieren. Es haben sich sehr tiefe Gräben in der Gesellschaft aufgetan, die zeigen wie wenig Wissen wir tatsächlich haben und auch nicht in der Lage sind dieses wenige Wissen als mögliche Antwort auf das „WAS?" zu vermitteln.

Liebe Mitreisende, wir sind aufgefordert nicht alles zu glauben und vieles zu hinterfragen – nicht alles wird uns sofort logisch oder auch sinnvoll erscheinen, da wir es von außen betrachten – es sind fremde Gedankenkonstrukte, die wir versuchen sollten nachzuvollziehen, um einen kleinen Einblick in die wissenschaftliche Denk- und Erklärungsweise zu bekommen. Dann sind wir, nicht immer, in der Lage etwas Licht in die Dunkelheit hinter dem „WAS?" zu bekommen.

Wir sollten einerseits Vertrauen und anderseits kritisch hinterfragen, um ein möglichst ausgewogenes Konstrukt für uns zu erzeugen, das uns hilft das „WAS?" zu verstehen und uns vielleicht hilft eine Antwort teilweise zu finden.

Zwischenspiel

Lieber Mitreisender, du bist ein eifriger Leser – du bist in der Mitte des Buches angekommen. Vielleicht hast Du dir schon Gedanken gemacht, vielleicht auch nicht. Es kann sein, dass du beginnst einiges zu hinterfragen, anderes nicht als nicht mehr selbstverständlich hinzunehmen. Das wäre schön.

Vielleicht fängst Du an mit deinen Mitmenschen über manche Dinge an zu diskutieren – auch das wäre schön und auch ein bisschen von mir beabsichtigt, nicht umsonst heiße ich Harlekin…!

Oder du findest das Buch blöd, dann verkauf´ es oder stell es in die Ecke – oder einfach in die öffentliche Ecke zum Mitnehmen, ein anderer Mensch findet vielleicht daran gefallen und sucht genau das. Gib ihm dann die Chance…

Ich will Dich, lieber Mitreisender zu nichts verpflichten, ich will dir auch immer noch keine Antworten geben, denn das kann und will das Buch immer noch nicht- und ich als Harlekin sowieso nicht, es will dich einfach nur anregen selbst Antworten zu finden oder zu merken, dass eben nichts trivial ist, sondern eigentlich sehr komplex.

Aber das hast du wahrscheinlich selbst gemerkt, sonst würdest du diese Zeilen ja nicht mehr lesen, ich begleite dich jetzt gerne durch den zweiten Teil, … gute Reise!

Kapitel 4   „WIESO?"

Lieber Mitreisender fragst du dich nicht oft „WIESO?" dir manchmal die seltsamsten Dinge passieren oder „WIESO?" das Schicksal dir einige Aufgaben zu knacken gibt?

Ich frage mich diese Frage häufig und versuche mir eine passende Antwort auf diese Frage zu geben.

Aber was genau bedeutet eine mögliche passende Antwort auf die Frage „WIESO?"

„WIESO?" fragen oft auch Kinder und bekommen die einfache und doch komplexe Antwort… „dies oder jenes sei einfach so und dieses oder jenes haben wir damit zu akzeptieren. Nur neugierige Kinder, nein genauer, neugierige Menschen lassen sich damit wohl kaum zufrieden stellen. Also schauen wir einmal hinter die Kulissen des „WIESO?"

Das naturwissenschaftliche „WIESO?"

Diese Antwort lässt sich leicht als Ergebnis einer möglichen naturwissenschaftlichen Erkenntniskette formulieren. Hier werden also die biologischen, chemischen und physikalischen Fakten dargeboten und als Antwort präsentiert. Nur, lieber Mitreisender, sind es immer eindeutige Antworten, die bei chemischen Prozessen ablaufen – oder bei biologischen Vorgängen in Zellen – meines Erachtens nicht, sie liefern zwar einen möglichen Hinweis auf eine Antwort, erzeugen aber neue Fragen. Zwar werden zielgerichtete Prozesse ablaufen und eine mögliche Endhandlung oder ein Produkt entstehen, aber doch sind einige der ablaufenden Vorgänge immer wieder zu hinterfragen – sie werden es auch durch die Wissenschaftlerinnen und Wissenschaftler auch – so entstehen immer wieder neue Erklärungsmuster, die einen Mosaikstein der Antwort auf das „WIESO?" liefern.

Das philosophische „WIESO"?

Der Zusammenhang zwischen dem naturwissenschaftlichem und philosophischen „WIESO?" ist eigentlich sehr direkt, denn beide so unterschiedlichen Disziplinen sind eigentlich nicht wirklich zu trennen, da sie in vielen Fällen über Logik an Fragen herangehen und versuchen sich dieser zu bedienen.

Sie verwenden allerdings unterschiedliche Erklärungsmuster, um einen Mosaikstein der Erkenntnis zu bekommen. Hier stoßen wir auf eine sogenannte Metaebene von der aus das Problem oder die Frage(n) betrachtet werden. Dabei verändert sich oft auch das Weltbild oder das Verständnis des Weltbildes – in philosophischer, manchmal auch theologischer,

Durchdringung des jeweiligen Fragekonstruktes – und jeder muss wieder individuell für sich entscheiden, ob er diesen Gedankenkonstrukten (oft auf der Metaebene) folgen will und es als mögliche Antwort oder als Antwortfragment auf das „WIESO?" akzeptiert oder auch nur toleriert.

Kapitel 5 „WESHALB?"

„Weshalb?" auch eine der häufig gestellten Kinderfragen – selbst die Sesamstraße in den 1970er Jahren stellte dieses Fragepronomen in den Raum, liebe Mitreisender – du siehst Fragen sind immer noch aktuell und werden seit es Sprache gibt gestellt.

Eigentlich müsstest du schon gewohnt sein – auch hier ist wieder eine eindeutige Antwort nicht möglich oder so vielschichtige, dass wieder dein Gehirn in Anspruch genommen wird. Deswegen betrachten wir jetzt das ganze gemeinsam und du zeihst wieder deine Schlüsse, um dir eine mögliche Antwort zu geben, …

„WESHALB?" passiert etwas, oft wollen wir eine schnelle Antwort – wir suchen nach etwas Bildhaftem etwas Verständlichem, um es für uns begreifbar zu gestalten – unsere Erwartung ist in den meisten Fällen extrem hoch – nur die Antworten produzieren in den meisten Fällen weitere Fragen, die wir versuchen zu ergründen.

Das philosophische „WESHALB?"

Auch hier kann man wieder die Philosophie und/oder die Naturwissenschaften heranziehen, um ein Gedankenkonstrukt für die Antwort zu bekommen. Du prägst mit deinem Verstand und unterschiedlichen Denkmodellen die Antwort und du entscheidest über die mögliche Interpretation der Lösung. Sieht man sich die Philosophen der Antike an, so ergeben sich verschiedene Ansicht der Erklärung- sie gründen ihre Weltsicht auf ihr Wissen, dass sie erworben haben. Sie versuchen zu ergründen und entdecken wie viel sie Wissen - oder auch nicht wissen. Trotzdem gibt es für uns hier den Ansatz zu erkennen, wie Schicksal über unser Leben bestimmt. Ich, für mich betrachte es so, dass jedes Erlebnis, jede Begebenheit einen Sinn hat, der Sinn zeigt sich nicht sofort, sondern manchmal auch sehr viel später – oder überhaupt nicht für uns, es hat im Entferntesten dann für etwas anderes einen Sinn, den wir eben nicht begreifen sollen – auch wenn wir uns die Fragen nach dem „WESHALB?" stellen. Man kann das mit Schicksal bezeichnen, wie die Philosophen der Antike, die hier aber oft noch eine göttliche Instanz dazu benötigen – ich denke allerdings, wir sollten uns von irgendwelchen göttlichen Einflüssen frei machen, da dieses Konstrukt für einige zwar notwendig ist, um eine mögliche Antwort zu suchen, aber nicht unbedingt notwendig ist. Du, lieber Mitreisender, kannst dich für das eine oder andere entscheiden, um für dich in deiner Gedankenwelt einen möglichen Gedankenansatz zu bekommen. Du sollest dazu vielleicht auch weiter in der

Literatur suchen, um das Ganze zu durchdenken – ich will dich ja hiermit dazu animieren.

Das naturwissenschaftliche „WESHALB?"

Wiederum versuchen wir mit Fakten eine Klärung der Frage „WESHALB?" zu erreichen. Auch hier gilt wieder das die Antwort in allen naturwissenschaftlichen Disziplinen zu suchen ist und in den meisten Fällen wieder sehr komplex ist. Wenn wir beispielsweise Krankheiten erforschen wollen wir über die Infektionswege, den Verlauf, die biochemischen und physiologischen Wechselwirkung Bescheid wissen, auch was wir dagegen unternehmen können oder wie wir uns davor schützen können. Auch beim Klimawandel wollen wir über die Folgen unserer Eingriffe in die Natur Bescheid wissen und auch Maßnahmen ergreifen, die es uns möglich machen weiter auf der Erde zu „überleben"!

Einerseits sind wir neugierig dieses Wissen zu erlangen – und Folgen und Risiken abzuschätzen. Anderseits ziehen wir diese Erkenntnisse oft in Zweifel und sind skeptisch über diese Erkenntnisse, da sie nicht in unser gewohntes Antwortschema passen – uns vielleicht einschränken oder uns zu Handlungen zwingen, die nicht unserer Denkweise entsprechen. Hier müssen wir offen sein für neues, manchmal unvorhergesehenes und auch ungewöhnliches – durch unsere

Informationsgesellschaft sind wir immer schwerer in der Lage das „WESHALB?" genau zu erkennen – die vielen Informationen, oft sehr detailliert, können wir nicht mehr richtig verarbeitet werden – oder wir sind zu egoistisch diese Informationen so zu bewerten, dass wir das „WESHALB?" erkennen und versuchen zu akzeptieren und Möglichkeiten finden eine Teillösung zu denken und auch umzusetzen. Denn mögliche Antworten liefern uns wieder neue „WESHALBs?".

Du siehst lieber Mitreisender, wir sprechen hier nicht über Ergebnisse, sondern über das Denken und Denkprozesse!

Kapitel 5 „WARUM?"

Jetzt, lieber Mitreisender, sind wir bei der letzten Frage des Buches der Fragen angekommen. Es ist die Frage nach dem „WARUM?". Hier erwarten wir oft eine Begründung, das haben wir eigentlich bei allen Fragen erwartet. Das „WARUM?" erfordert eine Begründung eine wirkliche Antwort – die wir oft genug nicht geben können und auch nicht eindeutig finden.

Jede mögliche Antwort auf das „WARUM?" birgt wieder neue Fragen hervor, auch das ist dir durch die anderen Fragen wieder geläufig – auch hier können wir das philosophische und naturwissenschaftliche „WARUM?" betrachten und uns möglichen Antwortkonstrukten nähern.

Das philosophische „WARUM?"

Wenn wir uns Betrachtungen des „WARUM?" von Philosophen nähern, so kommen wir vielleicht auf ethische Grundprinzipien, die für unsere Gedankenkonstrukte wesentlich sind. Ethik ist für uns ein wesentlicher Bestandteil, um das „WARUM?" zu ergründen – daraus sind einerseits Religionen und daraus abgeleitete Theorien entstanden, die das „WARUM?" versuchen zu ergründen und auch für uns im

Glauben darzustellen. Hier gibt es viele unterschiedliche Facetten, die den Glauben begründen und auch den Glauben bezweifeln lassen. Jeder, ich und auch DU lieber Mitreisender, muss hier seine Sichtweise haben und haben dürfen, damit frei die eigenen Gedanken zu einem Antwortmodell führen. Hier gibt es kein falsch und kein richtig, sondern nur Thesen und Antithesen, die im Dialog erörtert werden können und dann individuell bewertet werden müssen, um das „WARUM?" zu ergründen. Die Subjektivität jedes einzelnen ergibt hier das Gedankenkonstrukt.

Anderseits sind gesellschaftliche Werte und Normen entstanden, die unser Zusammenleben gestalten. Diese Werte und Normen gehören immer wieder hinterfragt und neu verhandelt und sind von jeder Generation neu zu bewerten und im „WARUM?" zu beantworten. Das birgt oft Konflikte über die Antworten und Sichtweisen – Gesellschaftliche und vor allem politische Denkweisen auf das „WARUM?" werden oft ungefiltert übernommen und als mögliche Antworten geliefert. Es werden daraus Verhaltensregeln abgeleitet, die oft nicht hinterfragt werden und selten diskutiert werden – deswegen können unterschiedliche Begebenheiten immer wieder auftreten – wir sind eben nicht immer in der Lage unsere eigenes „WARUM?" zu beantworten und eigene Thesen aufzustellen. Wir sollten es uns angewöhnen hier kritisch zu hinterfragen und uns eigenständig Gedanken zu machen. Diese Gedanken sollten wir auch ausformulieren und artikulieren und gemeinschaftlich das „WARUM?" zu ergründen. So sind wir eher in der Lage hinter das „WARUM?" zu sehen und nicht einfach andere Werte und Normen nachzumachen – der kritische Dialog zeigt oft gute und sinnvolle Schritte, um Lösungsfragmente zu erkennen.

Das naturwissenschaftliche „WARUM?"

Es werden täglich unzählige Forschungsergebnisse veröffentlicht. Experimentell sind wir in vielen Fällen in der Lage Antworten oder Antwortansätze zu finden. Trotzdem ist Die (Fach-)öffentlichkeit nicht immer in der Lage die vielen unterschiedlichen Erkenntnisbausteine richtig zu bewerten, geschweige denn eindeutig einzuordnen. Wir, auch ich lieber Mitreisender, sind mit unserem Alltagswissen meistens überfordert die Ergebnisse zu deuten oder auch nur im Ansatz nachzuvollziehen. Eine Interpretation und damit Bewertung wird Personen in der Wissenschaft gemacht, diese Interpretation können wir dann akzeptieren und in unser Allgemeinwissen integrieren. Nur können wir kaum Bewerten wie objektiv diese Interpretation ist – obwohl wissenschaftliche Ergebnisse im Allgemeinen objektiv sein sollten. Durch die Interpretation werden dann subjektive Anteile dazu eingebracht, die wir nicht immer als solche erkennen. Dieses macht es uns schwierig die Antwort auf das „WARUM?" zu erkennen und zu akzeptieren. Aus diesem Unverständnis entwickeln sich dann oft Zweifler, die das eigentliche Ergebnis gar nicht mehr oder nur sehr gering erkennen. In unserer Informationsgesellschaft ist es dann schwer hier die richtige Antwort auf das „WARUM?" zu erkennen – gibt es überhaupt eine richtige Antwort – hier ist wieder jeder individuell gefordert sein „richtig" oder „falsch" zu setzen.

Die Aufgabe von Eltern und Lehrenden ist dann oft hier beim Filtern von Ergebnissen zu unterstützen, was aber auch für diesen Personenkreis nicht einfach ist wissenschaftliche Erkenntnisse zu verstehen. Die Fähigkeit der Wissenschaft solche Erkenntnisse für die Allgemeinheit verständlich zu erklären ist noch nicht sehr ausgeprägt, so dass das „WARUM?" oft nicht, oder nur in Ansätzen, beantwortet werden kann. Leider wird naturwissenschaftliche Bildung oft als versponnen und nicht wirklich als wichtig anerkannt – in der Schule und auch der Bevölkerung werden sie nicht als wirklich wesentlich angesehen. Es ist den Menschen wenig bewusst, wie sehr naturwissenschaftliche Bildung zu unserem Wohlstand und zu unserer Entwicklung beiträgt – die Antworten auf das „WARUM?" werden als selbstverständlich angenommen. Da das aber in den wenigsten Fällen wirklich selbstverständlich ist, sondern über viele kleine Schritte und Denkprozesse abläuft wird in den meisten Fällen ignoriert, oder ins Lächerliche gezogen. So bist Du, lieber Mitreisender wieder aufgefordert ein eigenes Gedankenkonstrukt für die naturwissenschaftliche Antwort des „WARUM?" zu suchen – denn nur du entscheidest, ob du weiter fragst oder die Antwort als ausreichend ansiehst.

Die Idee zu diesem Buch – anstelle eines Nachwortes

Lieber Mitreisender, jetzt sind wir am Ende dieses Buches angekommen – jetzt geht jeder wieder in sein Leben zurück, ich der Harlekin, der die Menschen zum Nachdenken anregen will, du der Lesende, der sich mit diesem und oder auch anderen Bücher auseinandergesetzt hat. Jeder hat seine Motivation gehabt dabei zu sein – ich für meinen Teil will DICH mit diesem Buch zum Nachdenken anregen – sich selbst Antworten zu suchen - vielleicht sind sie auch nicht immer zu finden, wie man bei Nachdenken merkt und ich auch gemerkt habe.

Oft wird gesagt, es sollen keine W….-Fragen gestellt werden, sondern die Fragen problemorientiert aufbereitet werden, damit der Antwortende eine Lösung findet, oder mit dem Fragenden darüber diskutiert werden kann. Ist das aber wirklich so – meiner Meinung sind die einfachen Fragen – wer, wie, was, wieso, weshalb, warum nicht einfach – sie liefern eben keine eindeutige Antwort, sondern eher weitergehende Fragen, die weitere Gedanken, Ideen und oder Diskussionen erfordern.

Unsere Bildung – oder das, was wir darunter verstehen, kappt oft die Neugier, die Kindern und jungen Menschen zu eigen ist – sie stellen diese Fragen und bringen Erwachsene oft in Erklärungsnot, wenn sie wirklich Antworten finden und geben wollen. Diese Erwachsenen merken manchmal, wie wenig sie an Wissen haben, um diese, manchmal einfachen, Fragen wirklich zu beantworten und das ist unabhängig vom Bildungsgrad, er spielt in den meisten Fällen eine untergeordnete Rolle.

In vielen Gesprächen, Diskussionen und Veranstaltungen – oder auch beim Beobachten von Menschen ist mir eben das aufgefallen, wie wenig wirkliche Antworten auf diese Fragen gegeben werden (können) und wir oft neue Fragen erzeugen und damit eben wissenschaftliche Erkenntnisse einfordern. Diese Erkenntnisse werden häufig durch die Gesellschaft erst abgelehnt – wie oft in der Geschichte, der Denkende wird geächtet oder sogar verfolgt – Philosophen und Naturforscher wurden hingerichtet, aus der Gesellschaft ausgestoßen, wenn sie eine nicht angenehme Antwort für die Herrschenden gegeben haben. Immer wenn Macht – oder besser Machterhalt im Spiel war – durften keine Antworten gegeben werden – denn sie waren dann bedrohlich, wurden und werden(!) deswegen unterdrückt - die Antwortgeber wurden und werden (!) Repressalien ausgesetzt.

Nur – jeder Gedanke, jede Idee, die einmal gedacht worden ist, kann nicht zurückgenommen werden! Damit müssen die Menschen rechnen, denn nur so kann sich Gesellschaft – oder sogar die Menschheit, die Natur u.a.m. weiterentwickeln. Manchmal braucht es eine lange Zeitspanne, bis „neue" Gedanken und Ideen gesellschaftlich akzeptiert werden – gegen Zweifler, Hass und Widerspruch sich durchsetzen.

DU, lieber Lesender – DU selbst kannst versuchen, vielleicht mit Hilfe dieses Büchleins, DIR Gedanken über mögliche Antworten zu machen. Dazu kann man dann weiter und vertiefender Lesen oder Experimentieren – hier soll nur die Anregung dazu gegeben werden und keine Antwort, denn der Harlekin hält nur den Spiegel vor und regt bestenfalls zum Denken und später zum Handeln an.

Sicher, das Buch ist subjektiv und keinesfalls wissenschaftlich – soll es auch nicht sein, denn jeder kann und soll SEINE Gedanken in den Text interpretieren. Nur damit kannst DU, kann man, anfangen zu Denken und sich diesen Fragen widmen!

Eben, wenn DU bemerkst, dass eben keine eindeutige Antwort möglich ist beginnt der Denkprozess – auch bei mir hat es lange gebraucht, das für mich zu begreifen – die Fragen meines Kindes, meiner Lernenden haben mich darauf gebracht sich mit Fragen – und eben möglichen – oder auch unmöglichen Antworten zu beschäftigen – beim Studieren vieler Bücher oder Experimentieren bin ich darauf gekommen, dass es in den meisten Fällen keine eindeutige Antwort gibt und jede Antwort eine neue Frage erzeugt – endlos – und ich gemerkt habe, wie wenig (und doch viel) ich weiß.

Jetzt liegt es an DIR, diesen Prozess zu durchlaufen, wenn DU es willst – mein Buch kann Dich begleiten, wenn DU es willst, es sind meine Anregungen – vielleicht helfen sie dir dabei.

Deswegen „Das Buch der Fragen – WER?, WIE?, WAS?, WIESO?, WESHALB?, WARUM?" – als Schlüssel zum eigenen Nachdenken.

Harlekin Pierrot

Fragen und Antworten sind wie Sandkörner in der Wüste –

es gibt unzählig viele!